Allez Cordialement
— **VOUS FAIRE** —
F☺UTRE

IRVIN J. DEFFIEU

23,5 LOIS POUR DÉTECTER, ANALYSER, ET METTRE AU RANCART
LES FAUX-CULS DE VOTRE VIE

© 2022, Irvin J. DEFFIEU

Édition : BoD – Books on Demand,
Impression : BoD - Books on Demand, Norderstedt, Allemagne

ISBN : 9782322420506

Dépôt légal : mai 2022

PRÉFACE

Quel beau titre… Vous êtes choqué ? Parfait.

Vous savez, parfois, une bonne gifle intellectuelle ne fait de mal à personne. Je vous l'accorde, les termes « *dominer* » et « *mettre au rancart* » ou « *exterminer* » sont clivants, mais parfaitement appropriés à la thématique de ce nouveau livre. Loin de moi l'idée de vous apprendre à « *exterminer* » une personne au sens propre du terme, quand bien même cette personne représente pour vous le roi ou la reine des connes. Non, ici, nous parlons d'une extermination spirituelle bien sûr, propre à votre personne, à vos émotions, et à l'état émotionnel dans lequel, la ou les personnes en question vous plongent chaque jour. On parle littéralement de la définition d'une stratégie afin d'éliminer définitivement ces gens des horizons et possibilités de votre *monde interne*. Ils existeront toujours en tant qu'entités physiques individuelles dans le *monde qui vous entoure*, mais n'auront plus aucun pouvoir au sein du *monde qui vous compose*.

Ce livre est la lumière que vous attendiez et le médicament aux maux émotionnels les plus sombres que vous ressentez face à tous ces individus toxiques, narcissiques et manipulateurs, profitant de votre gentillesse et qui, à longueur de journée, vous minent le moral, que ce soit dans votre cercle professionnel, familial, amical, ou transitoire.

Vous vous reconnaîtrez certainement dans les prochaines lignes ; à la suite d'une conversation « *promentalodestructive[1]* » vous rentrez chez vous avec une colère frustrante. Seul, et alors qu'il n'y a plus personne, vous commencez à ressasser... Vous imaginez comment vous pourriez remettre cette personne à sa place. Oh, mais qui voilà ? Dans cette magnifique réunion brainstorming entre vous et... VOUS, portant sur « *comment dire ses 4 vérités à ce fichu énergumène* », voici que *Mr. Souvenir* arrive avec la liste EXHAUSTIVE de toutes les phrases, mots, mimiques, et j'en passe, qui vous a fait sortir de vos gonds. Votre ego est K.O., et ne veut qu'une seule chose, se venger ! Alors vous continuez à écrire sur le tableau mental de votre conscience les prochaines actions que vous allez faire, demain et après-demain, pour lui faire ravaler sa fierté : « *pour qui il se prend ?!* » dit votre ego à travers vous.

Payez-moi si je me trompe... Mais n'ai-je pas raison ? Ne vous reconnaissez-vous pas dans ce que je viens de dire ? Vous savez comment j'appelle cela ? **L'escalade de la connerie.**

Car ce comportement ne profite à personne et surtout pas à vous ! Comprenez que ce n'est pas en ajoutant de l'huile sur le feu pour satisfaire votre ego que vous irez mieux.

---

1 Terme inventé et utilisé pour qualifier une conversation inconfortable dont la finalité amène à un état émotionnel destructif.

Réfléchissez-y un instant, cette fameuse escalade de la connerie vous a permis d'en arriver où jusqu'à maintenant ? Mis à part le fait d'obtenir la bénédiction littéraire que vous avez entre les mains, elle ne vous a aucunement avantagée dans vos interactions sociales et dans l'amélioration de votre état émotionnel. J'en conclus donc qu'il faut changer de stratégie. Ou plutôt, créer UNE VRAIE stratégie ; réelle, réfléchie et efficace pour en finir une bonne fois pour toutes avec les nuisibles de votre vie.

Très souvent, les gens ont tendance à croire qu'être calme est inné, soit on l'a, soit on ne l'a pas. Certains disent d'eux-mêmes qu'ils ont le « *sang chaud* » et que rien ne peut les changer, car c'est dans leurs gènes. En réalité, c'est surtout dans leur tête… Personne ne naît comme ceci ou comme cela, vous devenez ce que vous pensez. Voyez-vous, l'univers répond juste à votre demande, il ne se soucie guère de savoir si c'est bon ou mauvais pour vous, il répond de façon bête et méchante.

Cela signifie qu'avec le bon état d'esprit, le travail et la répétition, vous pouvez manifester en vous un certain type d'état émotionnel devenant, avec le temps, un trait de caractère notoire. Je vous le confirme aujourd'hui, devenir calme, ça s'apprend.

La grosse erreur des gens est de croire que ce qu'ils ne voient pas n'existe pas. Ce n'est pas parce que votre mental n'est pas palpable qu'il n'existe pas et qu'il faut l'ignorer. Voyez-le comme un muscle, plus vous l'entraînez, plus il se conditionne à supporter des charges de plus en plus lourdes, au point qu'à un certain moment, ça en devient presque trop facile.

Je vous emmène avec moi aujourd'hui dans une nouvelle dimension de LA vie : celle de la maîtrise de ses émotions. Je ne dis pas que je suis un expert en la matière, et à bien des niveaux, je ne crois pas qu'il existe un expert réel dans ce domaine. Cependant, ce que je dis, c'est que chaque jour, j'ai le privilège de pouvoir apprécier le résultat de mes efforts dans le contrôle de ma personne. Et l'objectif de ce livre est bien celui-ci : vous permettre d'en faire autant pour que, à la fin, vous puissiez dire fièrement à toutes celles et ceux qui ont tenté de vous détruire, d'aller cordialement SE FAIRE FOUTRE !

Souvenez-vous juste d'une chose : en ce bas-monde, soit vous êtes sous emprise, soit vous avez de l'emprise. Ne soyez jamais dépendant émotionnellement de quelque manière que ce soit. Il n'y a que comme ça que vous serez heureux.

CHAPITRE 1 – LA GENÈSE

Vous vous demandez certainement ce qu'il s'est passé en moi pour avoir eu l'idée de choisir un titre aussi surprenant...

Pour tout vous dire, il s'est manifesté à moi ; je ne l'ai pas cherché, je n'ai pas fait une séance de *brainstorming* pour le trouver, ce n'était même pas dans mes projets d'écrire un livre sur le sujet.

En vérité, j'ai hésité sincèrement à l'utiliser, car je me disais qu'un titre si provocateur pouvait peut-être ternir ma personne ou ma réputation. Le lendemain, ma première pensée est allée en ce sens : « *Bordel, c'est trop dangereux, quand on va taper ton nom, ce titre va apparaître en gros* ».

Mais dans la foulée, la voix qui, visiblement, m'a communiqué ce titre, m'a dit la chose suivante :

« *Tu fais ce que tu veux, mais si tu laisses la peur guider tes choix et ta vie, tu n'es pas plus vivant qu'un rôdeur dans Walking Dead. Et puis... Tu parles de réputation ? Comprends que ce livre est en train de la bâtir pour toi.* ».

Je devais trancher. Je me suis alors posé l'unique question qui, à coup sûr, me permettrait d'utiliser ce titre : « *Si tu meurs aujourd'hui, que choisirais-tu ?* »

Tout devient si facile après cette question… Je me suis tout de même donné du temps. Et je me suis fait à l'idée, je ne peux pas trouver meilleur titre pour ce livre. Pourquoi ?

Car je me suis rendu compte que ce titre était parfait, il ne s'arrête pas juste à des provocations, non ! Analysons-le.

Il n'est pas « *littéraire-friendly* » je vous l'accorde, il est violent, clivant, il donne l'impression de vous insulter de manière frontale à chaque fois que vous le regardez. Mais n'est-ce pas ici l'un des titres les plus sincères que vous ayez lu ? Réfléchissons-y un instant… Il a l'avantage de dire la vérité, il ne passe pas par quatre chemins, IL EST DIRECT. Il représente ce que nous devrions tous être.

Dire les choses est la meilleure manière de se libérer de nos chaînes et frustrations mentales.

En réalité, ce titre représente un cri du cœur, que nous avons toujours rêvé d'extérioriser en face de la personne (et c'est ici que vous avez forcément quelqu'un en tête) qui nous emmerde ! Mais ce que j'apprécie particulièrement dans ce titre, c'est bien évidemment le mot « *cordialement* », car il indique que vous n'avez pas réellement à le dire explicitement, mais plutôt implicitement : *avec classe et distinction*.

Et pour cela, il faut définir une stratégie, qui vous permettra réellement et sur le long terme, d'envoyer balader toutes les personnes qui ne représentent que du négatif pour vous, le tout en préservant votre santé mentale.

Voilà pourquoi j'ai décidé de le garder. Et à y regarder de plus près, je ne crois pas qu'il me portera préjudice, bien au contraire… Loin de moi l'idée d'utiliser ce titre comme un filtre face aux personnes malsaines et négatives qui se sentent visées par mes propos et la stratégie que je vous propose n'est-ce-pas ? 😊.

J'ai décidé de structurer ce livre à l'instar d'une boussole, vous permettant à la fois de définir une stratégie précise et adaptée à votre situation (par l'intermédiaire de conseils à fort potentiel de personnalisation), et de vous permettre de faire des points « *check-up* » réguliers afin de garder le cap et la motivation.

Ce n'est pas évident de se contrôler, surtout lorsque l'on est en colère, et on a vite fait d'abandonner et d'oublier tout ce que l'on a appris. Dans ces situations, revenez lire quelques *lois* de ce livre pour vous rafraîchir la mémoire et vous remettre sur le droit chemin.

Je vais structurer ce livre en 23,5 lois réparties en cinq catégories :

- Les lois d'organisation environnementale ;
- Les lois d'organisation mentale et d'introspection ;
- Les lois d'actions ;
- Les lois universelles ;
- La demi-loi paradoxale.

Bien que ces lois fonctionnent de manière indépendante, elles gardent tout de même une logique d'inter-dépendance. Cela signifie qu'elles sont complémentaires.

Celles-ci reposent sur un système sous-jacent beaucoup plus complexe (mais parfaitement compréhensible), basé sur le fonctionnement du système émotionnel humain, que j'ai moi-même inventé. (*le made-in Irvin est une valeur sûre !* 😉)

C'est d'ailleurs le sujet du prochain chapitre que nous allons aborder tout de suite : *Le système émotionnel en quatre dimensions (SE4D)*.

CHAPITRE 2 – LE SYSTÈME ÉMOTIONNEL EN QUATRE DIMENSIONS (SE4D)

Comme une image vaut mieux que mille mots, je vous présente ma *vision cartographique* du cycle de vie émotionnel d'un individu.

SCHÉMA DU SYSTÈME ÉMOTIONNEL EN QUATRE DIMENSIONS

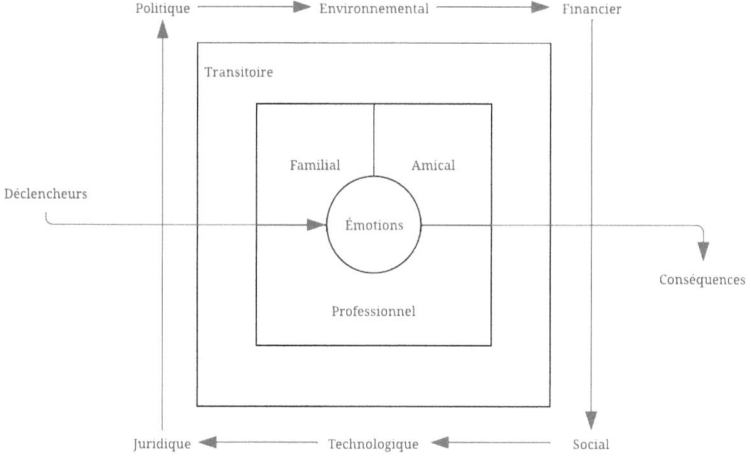

Schéma du système émotionnel en quatre dimensions

Le système émotionnel en quatre dimensions est composé des éléments suivants :

- Un cœur où siègent les émotions de l'individu, composé lui-même d'une chaîne d'expressions internes ;

- Une capsule principale composée de trois dimensions : familiale, amicale et professionnelle.

- Une capsule secondaire composée d'une dimension transitoire.

- Six facteurs représentant l'écosystème environnant :
    - Politique ;
    - Environnemental ;
    - Financier ;
    - Social ;
    - Technologique ;
    - Juridique.

- Des déclencheurs ;

- Des conséquences.

1- LE CŒUR DU SYSTÈME : LES ÉMOTIONS

Selon Wikipédia, l'émotion est une expérience psychophysiologique complexe et intense (avec un début brutal et une durée relativement brève) de l'état d'esprit d'un individu ou d'un animal liée à un objet repérable lorsqu'il réagit aux influences biochimiques (internes) et environnementales (externes).

Tous nos choix sont faits sous l'égide d'une émotion, quelle qu'elle soit. Je ne partage absolument pas l'idéologie selon laquelle l'être humain est capable de prendre des décisions objectives en mettant ses émotions de côté : *il en est littéralement incapable.*

Lorsque nous prenons des décisions dont les conséquences sont bénéfiques et constructives sur le *long terme*, c'est parce que notre état émotionnel est fertile et positif. A contrario, lorsque nous prenons des décisions dont les conséquences sont maléfiques et destructrices sur le *long terme*, c'est parce que notre état émotionnel est stérile et négatif.

Comprenez-moi bien, il est possible de prendre de mauvaises décisions en ayant un état d'esprit positif, et de bonnes décisions en ayant un état d'esprit négatif. Cependant, les conséquences de ces décisions relèvent du court terme. C'est pour cela que j'ai insisté dans le paragraphe précédent sur l'aspect *long terme*.

En aucun cas, vous ne pouvez avoir des résultats qualitatifs sur le long terme sans aligner votre état émotionnel aux conséquences de votre force décisionnelle.

LA CHAÎNE D'EXPRESSION DES ÉMOTIONS

Comme nous l'avons vu, c'est grâce aux émotions que nous agissons, et c'est par nos actions que nous engendrons des conséquences plus ou moins appréciables, pour nous et le monde qui nous entoure. Cela signifie que le cœur du système émotionnel en quatre dimensions possède lui-même une chaîne d'expressions, afin de transformer l'information en entrée (*input*) représentée par les déclencheurs, en élément de sortie (*output*) représenté par des actions aboutissant à des conséquences.

Concrètement, lorsque nous recevons des informations par l'intermédiaire de nos cinq sens (l'odorat, l'ouïe, la vue, le toucher et le goût) représentées par une interface d'entrée (input), nous allons (inconsciemment) analyser la situation.

Cette situation peut s'interpréter de deux manières, soit elle est :

- Nouvelle : dans ce cas nous devrons, tel un oracle, prédire ce qui va se passer en s'appuyant sur des sources d'informations externes accumulées avec le temps (expérience ou conseils de notre entourage, reportages, articles et j'en passe…) ou sur l'instant en fonction de nos ressentis ;

- Existante : on pioche dans notre mémoire et réagissons à ce qui peut potentiellement se *re*passer. Ici, nous nous appuyons sur nos expériences passées.

Le résultat de la prédiction ou de la réaction est « *binaire* » : soit il est bon, soit il est mauvais. En fonction de ce résultat, une ou plusieurs émotions émergent et s'entremêlent : *la loi du plus fort gagne.*

Et cela se traduit par des actions définies et exprimées à travers une interface de sortie (output) traduite par notre comportement verbal comme non-verbal. Et c'est très exactement ce comportement qui va produire des conséquences dans votre monde (physique et interne).

Pour que vous puissiez mieux comprendre, voici le schéma expliquant précisément le processus d'expression des émotions au sein d'un individu.

Il est possible que vous trouviez des failles dans le système tant la psychologie humaine est complexe, et c'est logique, aucun système n'est infaillible. Cependant, et après avoir fait de nombreux tests et exercices de pensées afin de tester et *re*tester cette chaîne, je me suis rendu compte qu'elle exprime à la perfection le processus interne que je m'évertue à vous expliquer.

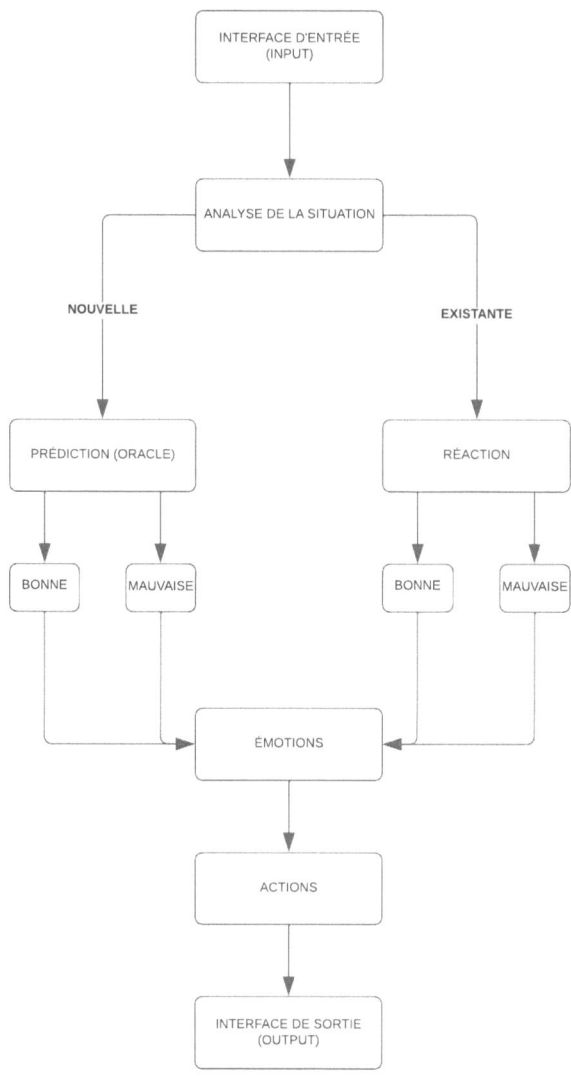

Chaîne d'expression des émotions

2- LA CAPSULE PRINCIPALE, TROIS DIMENSIONS : FAMILIALE, AMICALE, PROFESSIONNELLE

La capsule principale est composée de trois dimensions :

- La dimension familiale ;

- La dimension amicale ;

- La dimension professionnelle.

Logique, puisqu'un individu évolue forcément dans un environnement. Il est impossible de rester isolé, en tout cas pas durant une longue période.

Lorsque vous agissez, vous le faites en fonction de l'une, l'autre, ou de plusieurs de ces dimensions à la fois. En effet, il est possible que vous interagissiez avec les trois dimensions en même temps, comme par exemple dans le cadre d'une entreprise familiale, ou certains de vos amis travaillent, vous voyez ?

Plus précisément, ces trois dimensions sont traduites par les personnes avec qui vous allez interagir et surtout la valeur qu'elles représentent à vos yeux. En fonction de cette valeur, vos actions divergeront, vous ne vous comportez pas de la même manière avec votre famille qu'avec vos collègues. Et il est parfois plus compliqué de couper les ponts avec une personne de votre famille qu'avec un ami ou un collègue.

C'est pour cela qu'il est important de comprendre que les dimensions ci-dessus influencent vos émotions, actions et conséquences de votre existence.

3- *LA CAPSULE SECONDAIRE, UNE DIMENSION : TRANSITOIRE*

Voyez-vous, il nous manque quelque chose… Regardez votre vie, notre vie en général. Qu'importe notre niveau social, ce que nous faisons dans la vie ou pas, nous nous résumons dans la majorité des cas à nous rendre d'un point A à un point B. En l'occurrence, de notre maison à notre travail, de notre travail à un restaurant, bar, pot, *afterwork* et j'en passe avant de retourner chez nous. Les exemples ne manquent pas. Mais nous retrouvons toujours le même schéma : nous avons un point de chute : *notre domicile*. Et de chez nous, nous nous rendons dans divers endroits. Ces endroits ne nous appartiennent pas, sont parfois hostiles, étranges ou mystérieux et parfois familiers.

C'est dans ces endroits que l'on croise une nouvelle catégorie de personnes, qui ne font partie ni de notre famille, ni de notre entourage proche : les inconnus.

Et parfois, les inconnus nous font *chier :* appelons un chat un chat...!

Il est donc important de définir une dimension propre à eux : la dimension transitoire.

Elle porte bien son nom, puisqu'on croise ces inconnus uniquement entre notre domicile et un point que nous voulons atteindre. Entre les deux ? Advienne que pourra et ce n'est pas votre ego qui dira le contraire, que vous soyez en voiture, à vélo, dans les transports en commun, vous avez vite fait de vous effaroucher avec ces énergumènes.

4- SIX FACTEURS : POLITIQUE, ENVIRONNEMENTAL, FINANCIER, SOCIAL, TECHNOLOGIQUE, JURIDIQUE

Votre famille, vos amis, l'entreprise que vous possédez ou dans laquelle vous travaillez, les transports en commun, les routes nationales, départementales que vous empruntez, et j'en passe… sont des éléments soumis à des pressions environnementales, politiques, financières, sociales, technologiques et juridiques.

Un exemple frappant : la crise de la Covid-19. Que s'est-il passé ? En 2020, le confinement a obligé nombre d'entre nous à privilégier le télétravail (dimension professionnelle), l'isolement total avec famille et les amis (dimension familiale et amicale) et a obligé toute la France à porter des masques dans les transports en commun, supermarchés et autres lieux ouverts au public (dimension transitoire).

Cela a été le fruit de décisions politiques bien sûr, issues d'une réaction environnementale (virus en autre, écosystème naturel), et affectant la sphère financière (endettement des entreprises, réaction de la Banque centrale européenne), sociale (privation d'interactions sociales, autres mouvements sociaux d'envergure), technologique (mise en place de nouvelles technologies pour privilégier le télétravail) et juridique (nouvelles lois). Tout cela fait donc pression sur les différentes dimensions dans lesquelles évoluent les émotions d'un individu.

Ce qu'il faut retenir à ce stade, c'est que tout est interrelié, et qu'on ne peut aucunement tenter d'omettre une ou plusieurs dimensions et facteurs.

5- LES DÉCLENCHEURS

La présentation des différentes parties du système émotionnel en quatre dimensions vous a déjà apporté une partie de la réponse vis-à-vis des déclencheurs.

Un déclencheur est un élément qui va activer l'ensemble de la chaîne d'expression des émotions. Celui-ci peut-être de deux types :

- Interne : en fonction de votre bonne ou mauvaise interprétation du monde qui vous entoure, et des influences biochimiques qui vous composent ;

- Externe : en fonction des différents facteurs représentant l'écosystème environnant, notamment vis-à-vis du social qui comprend vos interactions avec les autres personnes, qu'importe la dimension choisie.

S'il n'y a pas de déclencheurs, c'est que vous êtes mort. Les émotions sont des entités purement physiques. Cela signifie qu'elles réagissent uniquement à d'autres éléments physiques, externes ou internes à vous. Et pour cela, mais je ne vous apprends rien, ces interactions se passent dans le monde du vivant. Dans l'au-delà, à part flotter et observer la connerie humaine, vous ne ressentirez pas grand-chose[2], vous êtes juste une âme en attente de faire l'expérience de la vie (et donc des émotions), vous êtes un simple observateur doté d'une capacité de création.

---

2 En effet, je me suis déjà rendu dans l'au-delà et je peux vous le confirmer… !

6- LES CONSÉQUENCES

Les conséquences peuvent être soit physiques, soit mentale, soit bonnes soit mauvaises.

Lorsque je parle de conséquences physiques, cela prend en compte votre physique propre, ou celui d'une autre personne, et le monde matériel environnant que nous connaissons tous.

Lorsque je parle de conséquences mentales, cela prend en compte votre mental propre bien sûr, mais également celui d'une autre personne.

Enfin, l'ensemble de ces conséquences peut être bénéfique ou destructeur.

Très souvent, les gens se demandent s'ils font le bien ou le mal, s'ils sont gentils ou méchants. Retenez ceci dès maintenant : vous pouvez apprécier et juger de la bientraitance ou de la maltraitance d'un individu à travers les conséquences de ses actes au regard de votre propre point de vue.

En effet, une personne peut dire faire le bien alors que les conséquences de ses actions sont péjoratives, voyez-vous ?

A contrario, une personne peut dire faire le mal alors que les conséquences de ses actions sont bénéfiques.

Encore pire ? Tout dépend du point de vue de chaque individu et des expériences vécues par tout un chacun : voyez comme il est complexe de définir la limite entre le bien et le mal… Cela est très abstrait !

Quoi qu'il en soit, et si nous nous basons uniquement sur votre propre référentiel, vous pourrez apprécier la qualité de vos actes et de vos décisions en fonction de leurs conséquences. Ensuite, il vous suffira de faire la balance entre bénéfice et préjudice pour savoir si, oui ou non, ce que vous avez fait valait réellement le coup.

Maintenant que le cadre est défini, passons au concret : les différentes lois opérationnelles afin de vous permettre d'éliminer les nuisibles de votre quotidien.

CHAPITRE 3 - LES LOIS

Comme nous l'avons vu un peu plus tôt, j'ai défini 23,5 lois réparties en cinq catégories comprenant :

- 4 lois d'organisation environnementale ;
- 8 lois d'organisation mentale et d'introspection ;
- 8 lois d'actions ;
- 3 lois universelles ;
- 1 demi-loi paradoxale.

De la même manière que tous les chemins mènent à Rome, j'ai conçu ce livre et ces lois pour que vous puissiez arriver au même résultat, qu'importe le *type* de loi que vous décidez d'appliquer au début. Que vous commenciez par des lois d'actions ou des lois d'organisation environnementale, vous aurez toujours la même efficacité dans les résultats que vous obtiendrez. Cependant, vous n'aurez pas forcément la même efficience.

C'est-à-dire que vous pouvez, en suivant ces lois dans le désordre le plus total, réussir à coup sûr à éliminer les personnes toxiques de votre vie. Mais vous irez beaucoup plus vite si vous décidez de le faire dans un ordre bien défini. Et c'est cela que je vais vous présenter dans les prochaines lignes de ce livre.

LOIS D'ORGANISATION ENVIRONNEMENTALE

1- INTRODUCTION

Souvent, le plus compliqué est de se lancer. Et il peut être parfois intimidant de rentrer de but en blanc dans un processus qui, on le sait, va affecter notre vie au plus profond de notre quotidien, habitudes et manières de penser. C'est pour cela que les lois d'organisation environnementale, par leur simplicité d'application, vont vous permettre de gagner en discipline et, le cas échéant, vous être d'une grande aide lorsque vous passerez à l'action de manière plus directe au sein de vos interactions sociales cette fois-ci.

2- LOI N°1 : NETTOYEZ CHAQUE JOUR UNE PARTIE DE VOTRE LOGEMENT

On dit souvent qu'il faut avoir un esprit sain dans un corps sain. Je rajouterais que ce corps sain devrait TOUJOURS évoluer dans un environnement sain. Et cet environnement sain se traduit par un domicile qui doit toujours être propre. J'ai remarqué une chose importante : je suis beaucoup plus productif dans un environnement minimaliste et épuré que dans un environnement bordélique.

Pourquoi ? Car mon cerveau arrive plus facilement à se focaliser sur mes objectifs au lieu de regarder à droite et à gauche pour reconnaître les « *en-cas visuellement intellectuels qu'il pourrait se mettre sous les neurones* ».

Et cela vaut également pour toutes celles et ceux qui disent fièrement qu'ils sont des « *bordéliques organisés* ».

Très souvent, on prétexte le fait d'avoir un bordel organisé car on n'a juste pas l'envie d'organiser notre bordel. Et c'est tout à fait logique de faire ce raccourci, mais on se surprend à apprécier le bureau rangé du voisin et même à s'y installer lorsqu'il n'est pas là, n'est-ce-pas ?

Alors pour éviter cela, il est nécessaire d'opter pour un nettoyage simple par itérations successives. En lieu et place d'attaquer un gros nettoyage, focalisez-vous sur une toute petite partie de votre habitat et nettoyez-la.

Cela vous permettra d'une part, de ne pas vous démotiver car vous définissez vous-même un objectif atteignable le jour même et d'autre part, de nettoyer chaque jour une petite partie de votre maison ce qui, sur le long terme, vous permettra de couvrir toute la superficie, sans même vous en rendre compte.

Il faudra bien sûr veiller à préserver les nettoyages précédents, mais cela n'est clairement plus un problème à partir du moment où vous en avez pris l'habitude. Prendre de petites habitudes simples vous permettra de changer de grosses habitudes de procrastination sur le long terme, jusqu'alors contre-productives dans votre quotidien.

Ce que l'on peut retenir ici, c'est que tout cela est une préparation ; Si vous voulez changer, vous devez également préparer l'environnement qui va accueillir votre nouveau VOUS et qui sera plus adapté à votre nouvelle personnalité.

3- LOI N°2 : MANGEZ-MIEUX, LA MÉTHODE DU BATCH-COOKING

Si vous avez lu mon livre « *Comment réussir sa vie active – avec ou sans diplômes et expériences* », vous êtes au courant que l'insertion dans la vie active se traduit par une indépendance totale dans tous les aspects de notre vie. Et l'alimentation ne fait pas exception. Elle est loin l'époque où maman nous préparait à manger n'est-ce pas ? On rentrait tranquillement, et « *il n'y avait plus qu'à* » comme on dit…

Maintenant, on mange des pâtes et du steak tous les jours hein...?!

Non, plus sérieusement, j'ai étudié la question de manière *chirurgicale*. Il est très difficile de se restaurer convenablement et d'être dans la vie active en même temps . Pourquoi ? Car manger de manière saine, ça prend du temps, et du temps lorsqu'on est un actif, on en a peu, ou tout du moins, on n'a pas envie de le passer à faire la cuisine et la vaisselle. C'est là que le batch-cooking est *THE* alternative permettant de résoudre ce problème.

Et je vous parle en tant que salarié, entrepreneur, auteur, coach, podcasteur, youtubeur, et mannequin. Croyez-moi que, la gestion du temps, ça me connaît !

Et je dois avouer que le batch-cooking est une bénédiction. Car, en plus de vous faire gagner du temps, elle vous permet d'économiser et d'allouer vos gains envers des activités à plus forte valeur ajoutée. On le sait, l'alimentation est un gros poste de dépense !

BATCH-COOKING : QUÉSACO ?

Hey Wikipédia, peux-tu nous dire ce qu'est exactement le batch-cooking ?

Wikipédia :

« Le batch-cooking (de l'anglais, « cuisson par lot ») est une méthode de cuisine à domicile, basée sur la préparation d'un seul coup (batch) des différents plats à servir les jours suivants. L'organisation du batch-cooking se distingue de la cuisine réalisée juste avant un repas et de la réutilisation des restes de repas précédents.

Le batch-cooking est souvent présenté comme une activité de cuisine du week-end (par exemple 2 heures), fournissant des plats ou bien des aliments déjà cuisinés (déjà cuits), qui seront simplement réchauffés ou assemblés les jours suivants. »

Pour vous donner un ordre d'idée, depuis que je pratique le batch-cooking, je mange à ma faim, convenablement et surtout (et c'était l'un de mes objectifs), équilibré avec énormément de légumes ! Ce qui me permet d'avoir beaucoup plus de punch et de vitalité : un vrai bonheur ! Chaque soir, il me faut un maximum de 15 minutes pour préparer mon repas. Plutôt sympa non ?

Je cuisine deux heures le dimanche (ce qui est devenu pour moi un vrai petit rituel), en ayant l'assurance d'avoir fait mes courses la veille. Ensuite ? Je suis tranquille pour le reste de la semaine.

Je vous conseille vivement d'opter pour cette méthode qui vous fera gagner en temps et argent et qui vous mettra, tout comme la loi n°1, dans une dynamique positive pour changer votre manière de penser et de voir le monde qui vous entoure… En parlant de ça, c'est le sujet de la troisième loi !

4- LOI N°3 : SOYEZ OUVERT AU MONDE QUI VOUS ENTOURE

Mon père m'a dit ceci : « *une personne (physique comme morale) évolue dans un environnement. Souvent, les gens ont tendance à l'oublier et c'est à ce moment-là qu'ils font des erreurs. Il est littéralement suicidaire de se focaliser sur une seule activité sans prendre en compte l'écosystème qui entoure cette même activité. Reste toujours ouvert et attentif à ce que tu vois et à ce que tu ne vois pas. Il faut lire de tout, être curieux et jamais tu ne seras pris au dépourvu.* »

Son conseil ? Je l'applique chaque jour et j'en suis bien heureux. Aujourd'hui, je vous le donne car il vous aidera beaucoup. Ne vous limitez pas à une seule activité, soyez « *pluri-actif* », intéressez-vous à l'histoire de France et du monde, à la politique comme à la géopolitique, au monde physique et métaphysique, à la nature, à la spiritualité et j'en passe. Vous vous rendrez vite compte d'une chose : lire vous délivre. Cela vous délivre de vos chaînes intellectuelles qui vous empêchaient jusqu'alors de développer votre potentiel si unique. Mais surtout ? Cela vous permettra de vous positionner comme l'acteur de votre vie et des processus qui s'y réfèrent.

Cela vous fera évoluer et vous éloignera – intellectuellement parlant – des personnes qui ne font pas cet effort de découverte.

Très souvent, nous avons tendance à sous-estimer la puissance de nos connaissances. Lorsque vous apprenez et que vous vous exprimez, vous appliquez automatiquement un filtre face à toutes les personnes qui ont un complexe d'infériorité et qui essaient de vous prendre de haut pour satisfaire leur propre ego. En d'autres termes ? L'intelligence est un anti-nuisible...

... Car ils savent que la vérité ne peut aucunement être vaincue par une « *rhétorique de l'ignorance* ».

Souvent lorsqu'on ne sait pas quelque chose, une personne qui n'en sait pas plus que nous peut vouloir nous contredire sur ce sujet en appliquant un certain type de rhétorique pour avoir raison. Nous ne pouvons alors rien répondre puisque nous n'avons aucun contre-argument.

Mais si vous en savez plus que lui, que se passe-t-il ? Vous lui prenez son pouvoir, il ne peut rien : vous avez de l'*emprise* sur lui et c'est une très bonne chose.

Mais rester ouvert signifie également observer et écouter. Attention : observez les bonnes personnes et prêtez l'oreille à des conseils bienveillants.

Rester ouvert signifie également découvrir et expérimenter de nouvelles choses : voyager, sortir de sa zone de confort par exemple… En réalité, l'ouverture d'esprit est un état d'esprit.

5- LOI N° 4 : PRATIQUEZ DES ACTIVITÉS LUDIQUES

L'une de mes activités favorites est l'écriture… Je ne vous apprends rien… Plus que de produire mes propres livres, ce que j'apprécie particulièrement, c'est le processus de réflexion, d'élaboration et d'écriture de mes livres.

Pour tout vous dire, ce sont des moments de pur plaisir. Je me pose chez moi, lumière tamisée, avec en musique de fond le flux direct de la chaîne YouTube « Lofi-Girl » et c'est parti pour une session d'écriture.

Parfois, ne rien faire est également une activité. Comprenez-moi bien, lorsque je dis « *ne rien faire* » je parle d'un point de vue spirituel.

Se mettre dans un parc et écouter le bruit de la nature et du génie de la création est l'une des choses les plus appréciables de cette vie. Vous êtes connecté avec vous et l'univers à travers vous. Vous remettez de l'ordre dans vos idées. De cette façon, vous pourrez repartir sur le bon pied au bout de quelques heures.

Qu'importe l'activité que vous choisissez, le plus important est d'en avoir une au minimum.

Si vous n'avez pas d'idées, je vous conseille de tester de manière aléatoire ! Allez vous promener dans un parc comme je vous l'ai dit, essayez un nouveau sport, ou prenez l'habitude de vous rendre dans une bibliothèque pour lire quelques livres. Fixez-vous des défis, comme apprendre à bricoler une chaise (je dis n'importe quoi), mais faites quelque chose et faites-en une activité de détente détoxifiante !

LOIS D'ORGANISATION MENTALE ET D'INTROSPECTION

1- INTRODUCTION

De nombreuses études scientifiques démontrent une corrélation entre le bien-être mental et l'alimentation. Entre paix de l'esprit et environnement sain. À ce stade, les quatre lois d'organisation environnementale, vous aurez aidé, d'une certaine manière, à « *recâbler* » votre cerveau pour qu'il soit dans un état optimal afin de passer à l'étape suivante. Et quelle étape mes chers amis… ! Ici, nous allons continuer notre stratégie organisationnelle pour vous permettre d'être dans les meilleures conditions afin d'éliminer les nuisibles de votre existence.

Je le dis souvent, avant d'apprendre à dire ses quatre vérités à une personne, il faut déjà se les dire à soi-même. Avant d'être sincère avec les autres, il faut l'être avec soi. Et donc, faire du ménage dans notre tête, faire ce que l'on appelle un travail « *d'introspection* ».

Parfois, il est nécessaire de se poser un instant dans notre vie pour mettre de l'ordre dans nos pensées, mais très souvent, on ne sait pas par quoi commencer. Voyons cela ensemble.

2- LOI N° 5 : PRENEZ VOTRE TEMPS

Vous êtes en vie ? Alors, vous avez encore du temps. Dédiez-en une partie à savoir comment vous allez l'utiliser de manière efficace.

Si vous allez trop vite en brûlant les étapes, vous perdrez du temps.

Si vous avez peur de prendre votre temps, vous perdrez du temps.

Si vous ne faites rien, vous aurez le mérite d'éviter de faire des erreur, mais vous perdrez du temps quand même !

Alors comment savoir ? Très simple : posez-vous l'espace d'un moment pour observer et organiser vos pensées. Nous verrons dans une prochaine loi comment faire.

Cette phase où vous dédiez du temps à l'observation pourrait s'apparenter à une phase d'inaction : c'est faux.

Ce que vous devez pratiquer ici, c'est une forme de méditation vous permettant de savoir très exactement où vous en êtes sur la carte de votre vie.

Il y a une différence entre ne rien faire, c'est-à-dire procrastiner sur des activités à faible valeur ajoutée, et méditer, c'est-à-dire prendre le temps d'observer et de prendre conscience de qui vous êtes vraiment dans le monde qui vous héberge.

Plus vous prendrez le temps d'observer votre monde interne et plus vous saurez où aller. Mais ce qui est encore plus intéressant et puissant, c'est que vous vous rendrez vite compte que vous n'avez pas forcément besoin d'agir beaucoup pour atteindre vos objectifs. Il suffit juste de le faire intelligemment : c'est cela que j'appelle de l'efficacité.

Maintenant, définissez un moment de votre quotidien : matin, midi, ou soir, peu importe. Commencez par 15 minutes au début et augmentez progressivement, ça sera un très bon début.

3- LOI N° 6 : OBSERVEZ VOS PENSÉES SANS LES JUGER

Vous savez qu'il faut prendre votre temps, ralentir, voire parfois même reculer pour mieux avancer. Trop souvent, nous avançons pour mieux reculer, parce que nous le faisons trop vite.

Ici, pour vous illustrer le plan d'action, nous allons faire un exercice de visualisation.

Imaginez que vous êtes dans un grand jardin découvert, à l'ombre d'un arbre, et que vous regardez un ciel nuageux.

Vous observez sans rien dire, il y a des nuages de tailles et de formes différentes, certains sont gris, d'autres blancs. Certains sont bienveillants, d'autres menaçants, mais vous ne faites rien à part les regarder. Au gré du vent, ils vont et viennent, parfois ils persistent mais finissent toujours par s'en aller.

Cette image, c'est la représentation exacte de votre mental. Les nuages représentent vos pensées. L'observateur représente votre conscience et le ciel représente le mental.

Lorsque vous allez prendre votre temps, je vais vous inviter à regarder vos pensées sans les juger !

Juger vos pensées, c'est vous les approprier et d'une certaine manière, définir qu'elles font partie de votre identité. Vous n'êtes pas vos pensées, elles ne vous définissent pas et ne doivent en aucun cas déterminer la suite de votre existence.

Vous êtes responsable du fait que vous vous les appropriez ou non, mais pas de leur apparition.

En ce sens, faites l'effort de les observer simplement, tel un observateur qui regarde les nuages. Au bout d'un moment, vous verrez le ciel se dégager : votre mental sera maîtrisé.

Ne vous découragez pas si vous n'y arrivez pas dès le début, souvenez-vous de ce que je vous ai dit dans la préface de ce livre : « *[...] Voyez-le comme un muscle, plus vous l'entraînez, plus il se conditionne à supporter des charges de plus en plus lourdes, au point qu'à un certain moment ça en devient presque trop facile.* »

Patience, pratique et répétion sont les secrets afin d'observer votre mental sans le juger…

... Enfin, vous vous ferez peut-être une petite réflexion au bout d'un moment : celle que votre mental est totalement FOU, qu'il parle tout seul !

En effet, lorsque vous en serez arrivé à ce stade, vous vous rendrez vite compte qu'il n'a pas l'air très net. Et c'est normal, le mental est comme un buffet à volonté, vous pouvez juste observer sans toucher, mais le mieux reste tout de même de sélectionner les aliments que vous souhaitez consommer et qui sont réellement bons pour vous.

4- LOI N° 7 : ARRÊTEZ DE VOUS JUGER (ET DE JUGER LES AUTRES)

Les deux lois précédentes vont déclencher un effet domino sur les prochaines. Nous pourrions donc nous arrêter là, mais je vais continuer de définir, ne serait-ce que pour le porter à votre conscience, les autres lois qui vous permettront réellement d'optimiser votre processus de croissance.

Vos actions mènent à des conséquences, qu'elles soient bonnes ou mauvaises[3]. Ces conséquences mènent à une modification de votre estime envers vous-même.

Vous avez alors deux choix :

- lâcher prise ;
- vous les approprier à travers vos pensées.

Comme je vous l'ai dit, vous êtes responsable de l'appropriation de vos pensées mais pas de leur apparition.

Comprendre que vous êtes responsable vous permet de décider. Décider de vous approprier des pensées qui vont vous morfondre par le jugement ; décider de les laisser passer ou décider de vous approprier des pensées positives à votre égard : la décision est entre vos mains !

---

[3] Voir le schéma du système émotionnel en 4 dimensions et la chaîne d'expression des émotions.

Mais moi, je vous dis ceci : le jugement vous empêche de devenir la personne que vous êtes vraiment, que ce soit aujourd'hui ou demain car, vous vivez dans le passé. Et il n'y a rien de pire que de vivre dans le passé à une époque où le moment présent est la seule issue vers l'épanouissement personnel : arrêtez cela tout de suite.

Vous connaissez les outils pour décider d'arrêter cette chaîne sans fin du jugement de votre personne et des autres ; car à bien des niveaux, juger les autres, c'est se juger soi-même : ou tout du moins, juger pour les mauvaises raisons. Le seul moment où le fait de juger quelqu'un est nécessaire, c'est pour l'éloigner de soi car on a détecté une aura toxique. Mais pour y arriver, vous devrez faire la différence entre le jugement utile et inutile.

LE JUGEMENT UTILE

Le jugement utile, c'est arriver à mettre les mauvaises émotions de côté en essayant de rester le plus pragmatique possible, afin de définir si le fait de juger une personne nous permettra, dans notre quotidien, d'avancer réellement. Si vous détectez de manière fiable, en évitant tous les « *on-dit* » qu'une personne pourrait porter atteinte à votre santé mentale, alors le juger n'est pas une mauvaise chose.

Voilà ce que j'appelle un jugement utile. Cependant, cela s'arrête là. Dès l'instant où vous avez porté ce jugement sur une personne, elle doit disparaître de votre champ mental[4]. Cela signifie qu'un jugement utile est « *à usage unique* », vous arrêtez de juger cette personne dès lors que le jugement initial est confirmé.

LE JUGEMENT INUTILE

Le jugement inutile est basé sur les commérages, bien sûr : le fait de baser votre opinion sur des « *on-dit* » afin de satisfaire votre ego ou une ou plusieurs validations sociales ; mais également sur la pérennité d'un jugement utile. Comme vu précédemment, si vous décidez de faire durer un jugement utile plus que de besoin, alors il devient inutile, car le but justement est de vous permettre d'effacer l'aura de cette personne de votre champ mental dès l'instant où vous avez détecté sa toxicité.

5- *LOI N° 8 : NE SOYEZ NI EN DESSOUS, NI AU-DESSUS DES AUTRES*

Une partie de votre malheur commence le jour où vous pensez être inférieur aux autres et que le seul moyen d'en sortir est de témoigner de votre supériorité.

Pour une fois, ne soyez pas binaire : vous avez la possibilité d'être pile au milieu. Lorsque vous avancez dans votre vie, vous avancez avec un bagage intellectuel propre à votre personne, un passé vous caractérisant et des principes qui constituent la personne que vous êtes

---
4 Voir la loi n°6 : **Observez vos pensées sans les juger.**

aujourd'hui. Cela signifie que se comparer aux autres est contre productif puisque vous n'avez pas les mêmes paramètres au départ, à l'instant t, voire t+1.

Basez-vous uniquement sur votre propre référentiel pour avancer, et lorsque l'envie vous prend de vous comparer aux autres, souvenez-vous que :

« *La vie n'est pas un sprint, mais un marathon dont vous êtes le seul participant et donc, logiquement, le seul gagnant* ».

Ce que les autres peuvent faire de leur vie n'est pas votre problème. Vous êtes à ce niveau dans votre vie, car cela devait être ainsi pour VOUS et pour aucune autre personne. Tâchez de vous en souvenir.

6- LOI N° 9 : OUBLIEZ VOTRE IDENTITÉ

Un autre facteur de souffrance personnel est de faire l'erreur de trop s'attacher à son identité. Qu'est-ce que cela signifie ? Démonstration.

Notre identité comprend notre prénom, patronyme, et/ou matronyme, culture, couleur de peau, âge, niveau social, code vestimentaire, actions et j'en passe. Dès lors qu'une personne fait une réflexion sur un ou plusieurs éléments corrélés à cette identité, nous aurons tendance à réagir positivement ou négativement. Souvent, le positif provient de nombreuses flatteries :

« *J'adore ta coupe de cheveux [...] Magnifique paire de chaussures ! [...] Tu es vraiment distinguée [...]* ».

Cependant, nous risquons très vite de nous vexer si les propos tenus par des tiers sont en désaccord avec l'idée que nous nous faisons de notre identité intrinsèque :

« *Oula, cette robe ne te va pas du tout [...] ton nom est très étrange haha [...] Tu fais plus vieux... [...]* »

Le fameux « *Comment tu me trouves* » par exemple, renvoie très clairement à notre identité en plus d'un manque de confiance certain. Nous nous référons à notre apparence physique pour définir qui nous sommes vraiment, en tant qu'entité consciente.

Et c'est très exactement notre grande erreur de croire que ce que nous sommes physiquement et la représentation que nous projetons dans notre environnement définit qui nous sommes vraiment.

En réalité, s'attacher à notre identité, c'est devenir les esclaves d'un paraître dont les critères sont définis par ce que nous pensons devoir être dans cette société.

Et nous pensons, à tort, que si nous ne préservons pas cette identité, nous nous perdrons dans les abysses de notre existence. C'est pour cela que nous avons autant de mal à supporter la critique, constructive ou pas. Car la peur de perdre la seule ligne de vie à laquelle nous nous attachons est beaucoup trop forte, alors nous résistons.

Pourtant, tout ce que je viens de vous expliquer est une illusion, car c'est à partir du moment où nous nous détachons vraiment de notre identité physique que nous devenons réellement indépendants émotionnellement. Et c'est à ce moment précis que les critiques personnelles n'ont plus d'impact sur nous.

Cependant, se détacher de son identité ne veut pas dire la supprimer, la laisser de côté, ou ne pas la défendre, car elle existe dans notre monde physique !

C'est-à-dire que vous avez d'un côté votre conscience qui, elle, représente qui vous êtes vraiment, et de l'autre, votre identité physique vous permettant d'évoluer dans ce monde, mais qui ne devrait pas avoir d'impact sur votre conscience.

La conscience a un impact sur vos actions, votre manière de vous exprimer ou de vous habiller. Mais pas le contraire. Par exemple, ce n'est pas en vous habillant comme une personne distinguée que vous en aurez les codes. C'est l'éveil conscient traduit par un intellect croissant (*volontairement orienté*) qui va vous faire devenir une personne bourgeoise et distinguée, voyez-vous la nuance ?

En ce sens, je vous conseille de prendre conscience que votre identité est le fruit de votre éveil conscient et qu'il n'est qu'une conséquence de vos actions conscientes et non la cause. Le comprendre, c'est faire un pas gargantuesque vers la maîtrise intérieure.

7- LOI N°10 : NE VOUS ATTACHEZ PAS AU RÉSULTAT

Dans la même dynamique que l'attachement à l'identité, s'attacher au résultat de nos actions met en péril notre maîtrise interne.

En effet, nous portons une attention trop particulière aux conséquences de nos actions. Si ces mêmes conséquences ne sont pas alignées avec nos attentes, cela nous frustre au plus haut point. En faisant cela, nous faisons montre d'une insécurité émotionnelle certaine, car chaque échec sera vu comme une souffrance importante.

Très souvent, ayant du mal à digérer une mauvaise conséquence, nous n'arrivons plus à avancer. S'attacher au résultat, qu'il soit positif ou négatif, n'est donc pas une bonne chose. La maîtrise, c'est pouvoir être heureux, que vous ayez du succès ou non.

C'est d'autant plus vrai lorsque nous nous exprimons en société ; fréquemment, lorsque nous disons quelque chose à quelqu'un (notamment que nous n'aimons pas), nous nous attachons à un résultat en essayant d'anticiper ce que la personne va dire ou faire. Le problème, c'est que dès lors qu'elle ne fait pas ce que nous pensions, cela nous frustre et nous met en colère. Ce n'est pas une vie saine que de se comporter ainsi…

8- LOI N°11 : VOTRE EGO, VOTRE ALLIÉ

Votre égo n'est pas un problème. Bien au contraire : judicieusement conditionné, il vous guidera dans votre vie pour savoir quoi faire, comment le faire et avec qui.

Cependant, un ego non maîtrisé est un problème.

Avoir de l'ego, c'est affiner son identité qui, je le rappelle, est un moyen pour avancer dans sa vie, tout en gardant un détachement certain à son égard afin de la modifier et de la moduler à notre convenance.

L'ego se révèle être un vrai allié de poids, notamment dans nos interactions sociales. Ne soyez en aucun cas les larbins soumis émotionnellement à des gens qui vous pourrissent la vie. Je n'ai que trop d'exemples de personnes dépendantes affectivement d'individus qui ne les respectent pas.

Agissez de manière ferme, Si la personne que vous fréquentez vous apporte une plus-value intéressante, continuez à la fréquenter, tout en lui apportant vous-même une plus-value tout aussi intéressante. A contrario, si la personne vous apporte une moins-value, dégagez-la de votre existence, quand bien même elle fait partie de votre famille.

Comme je vous l'ai dit dans la préface de ce livre, soit vous avez de l'emprise, soit vous êtes sous emprise.

Cependant, veillez dans le 1ᵉʳ cas à avoir TOUJOURS une emprise positive sur les personnes qui vous suivent. Cela me permettant d'introduire la loi n°12…

9- LOI N° 12 : ANALYSEZ SI VOUS-MÊME, VOUS N'ÊTES PAS LE « FAUX-CUL » DE QUELQU'UN

L'introspection c'est aussi cela. Peut-être, sans vous en rendre compte (...), vous servez-vous de certaines personnes, et qu'au final, ces mêmes personnes vont user de ce livre pour vous effacer de leur vie : c'est si vite arrivé vous savez…

Pour éviter cela, veillez bien à analyser la pureté de chacune de vos relations en vous assurant de générer une bienveillance certaine à l'égard des gens que vous aimez. Pour celles que vous n'aimez pas, la technique pour savoir si c'est vous qui avez un problème ou la personne en question, c'est d'analyser si la toxicité ressentie est un cas isolé, ou si elle est partagée par d'autres individus au sein de ladite dimension (professionnelle, familiale, amicale, ou transitoire). Si c'est le cas, n'allez pas plus loin et passez aux lois d'actions. Lois que nous allons voir dans la partie suivante.

LOIS D'ACTIONS

INTRODUCTION

Les lois d'action vont définir la stratégie que vous devrez suivre afin d'en finir définitivement avec les personnes toxiques qui vous entourent. Chose importante, les lois d'actions sont efficaces si et seulement si vous avez respecté les lois d'organisation environnementale et les lois d'organisation mentale et d'introspection.

Comme je vous l'ai dit : *la pensée précède l'action.* Votre efficacité dépend donc de votre état d'esprit.

Si vous faites l'erreur d'agir sans changer votre schéma mental, vous risquez le surmenage, voire pire, le burn-out, car la charge émotionnelle engendrée sera beaucoup trop forte par rapport à la structure mentale que vous avez conservée.

Si vous avez réussi à aligner votre schéma mental avec les précédentes lois de ce livre, alors vous pouvez poursuivre.

1- LOI N°13 : FAIRE LE BILAN DE SON ENTOURAGE (VIA LE MODÈLE EN QUATRE DIMENSIONS)

Le modèle en quatre dimensions est composé des dimensions :

- Familiale ;

- Amicale ;

- Professionnelle ;

- Transitoire.

Au sein de chaque dimension se trouvent des personnes plus ou moins proches que vous appréciez, et d'autres que vous n'appréciez pas.

Le but est donc de faire une liste exhaustive de l'ensemble des personnes que vous appréciez d'un côté (à gauche) et de celles que vous n'appréciez pas de l'autre (à droite). Allez-y étape par étape et dimension par dimension. Vous n'êtes pas obligé de tout faire d'un coup. Une stratégie consistant à s'attaquer à la dimension familiale en premier puis de poursuivre sur la dimension amicale dans un second temps est une très bonne idée. Prenez votre temps pour cette loi.

L'indicateur-clé de succès pour faire votre bilan est de vous fier à vos émotions. Souvenez-vous de la chaîne d'expression des émotions, et de comment elle analyse une situation et se sert de ses facultés de prédictions ou de réactions vis-à-vis d'une situation nouvelle ou existante, pour se positionner en tant que génératrice d'émotions.

Lorsque vous ferez votre bilan, le simple fait de penser et de vous souvenir de la personne générera des émotions en vous, qui seront soit bonnes, soit mauvaises. Si elles sont bonnes, il vous suffira tout simplement de mettre la personne du côté gauche et si elles sont mauvaises, de la mettre du côté droit.

À ce stade, vous pouvez déjà définir une bonne habitude à prendre : renforcer vos interactions avec les personnes du côté gauche et couper court à toute interaction avec les personnes du côté droit. Si vous ne pouvez pas pour l'instant, mettez en place des actions pour amoindrir, à défaut de les supprimer, l'emprise émotionnelle qu'elles ont sur vous. Normalement, avec les lois d'organisation mentale et d'introspection, vous devriez déjà bien vous en sortir, mais les lois d'action que nous voyons actuellement vous permettront d'affiner votre stratégie.

2- LOI N°14 : RAPPROCHEZ-VOUS DES PERSONNES QUI COMPTENT VRAIMENT

Renforcez vos liens avec les personnes qui vous soutiennent. Intéressez-vous à leur personnalité, leur quotidien, leurs passions, tout en leur proposant des activités enrichissantes, faites-vous de nouveaux amis, changez votre schéma mental afin de le mettre dans une position encline à la croissance !

Voyez l'une des définitions du verbe « *trier* » qui, selon le site larousse.fr[5] est :

« *Sélectionner des choses, des êtres, les retenir parmi tous les autres ; choisir [...]* »

Retenir des êtres parmi tous les autres, c'est s'en rapprocher. S'en rapprocher, car on estime à juste titre qu'ils ou elles nous ressemblent et pourraient nous faire croître ou évoluer. Si vous n'évoluez pas, c'est que vous êtes mort. Il est donc vital d'entretenir des relations saines avec les personnes bienveillantes de votre entourage. Vous en avez forcément, il suffit juste d'orienter votre regard vers elles.

---

5 Définition du verbe trier :
https://www.larousse.fr/dictionnaires/francais/trier/79618

3- LOI N° 15 : COUPEZ LE CORDON

Il faut le faire vite et bien. Pour le faire bien, il faut le faire vite…

Entendez par là le fait qu'à partir du moment où vous avez détecté dans votre entourage une personne toxique, que vous n'êtes pas contraint de fréquenter par des impératifs familiaux ou professionnels : GHOSTEZ-LA[6] dans la seconde : ne donnez plus signe de vie.

Nous faisons souvent l'erreur de croire qu'en supprimant des personnes (toxiques) de notre vie, nous nous isolons de plus en plus au point de finir seul.

Alors, par peur de la solitude, nous évitons de réagir, laissant le venin de ces personnes nous atteindre au plus profond des entrailles de notre chair émotionnelle.

---

6 Définition de « se faire ghoster » : https://www.linternaute.fr/expression/langue-francaise/20626/se-faire-ghoster/

Selon le site larousse.fr[7], une personne isolée est une personne qui vit seule, souvent délaissée par sa famille ou la société.

Lorsque vous supprimez une personne, qui plus est une personne toxique de votre vie, vous ne vivez pas seul, vous n'êtes délaissé par personne, bien au contraire !

C'est vous qui *délaissez* quelqu'un dans cette histoire, et à juste titre !

Si vous avez le sentiment d'être isolé, c'est parce que vous ne regardez que d'un seul côté, vous privant du bonheur d'apprécier la présence des personnes qui compte réellement pour vous : il suffit juste de tourner la tête...! 😊

Je connais de nombreuses personnes dans cette situation, qui redoutent de mettre à pied un *être toxique* par peur de finir seules, sans se rendre compte une seule seconde qu'il existe, à quelques mètres d'elles, un entourage solide et bienveillant, prêt à tout pour les aider.

Mais il y a un MAIS… !

Malheureusement, ce n'est pas si facile lorsque l'on fait face à une personne toxique que l'on est obligé de côtoyer TOUS-LES-JOURS. Alors pour ça, j'ai une bonne nouvelle… Les cinq prochaines lois vont vous aider à régler cette situation délicate.

---

7 Définition du nom isolé :
https://www.larousse.fr/dictionnaires/francais/isol%C3%A9/44467

4- LOI N°16 : ÉCOUTEZ SANS PRENDRE PARTI

Ici, nous allons surtout nous focaliser sur les relations toxiques à long terme vues dans les dimensions familiales et professionnelles. En effet, il est courant de côtoyer un collègue que l'on déteste ou un membre de notre famille que l'on ne peut plus blairer. Malheureusement, il est très compliqué parfois de ghoster ce genre d'individu… Surtout si c'est notre référent hiérarchique ou un parent. Alors comment faire ?

Très souvent, dans ce genre de situation, le conflit va s'envenimer à partir du moment où nous allons surinterpréter les propos de la personne : tout devient alors sujet à débat et à conflit. Cette personne pourrait (pour une fois) dire quelque chose de très positif, mais nous ne le verrons aucunement de cet œil, préférant automatiquement nous braquer et nous préparer à l'attaque. Or, comme nous l'avons vu, cette attitude est le reflet d'une forte emprise émotionnelle.

La première étape est donc de faire en sorte que les propos de la personne ne vous atteignent plus. Et pour cela, il ne faut plus prendre parti ! Pour ne plus prendre parti, vous devez d'une part, comprendre que les pensées qui vous traversent l'esprit ne sont que des sédiments d'un comportement passé qui ne vous caractérise plus et d'autre part, vous vous devez d'utiliser les lois d'organisation mentale et d'introspection afin de laisser passer les pensées néfastes sur l'instant.

Au début, ce sera difficile et il y a fort à parier que votre non verbal vous trahira au point que vous aurez des petites mimiques de frustration, mais c'est normal : vous êtes en train de muscler votre mental !

Petit à petit, vous deviendrez de plus en plus imperméable à « *l'homélie* » de ces individus et un beau jour, vous vous rendrez compte que vous n'éprouvez plus que de l'indifférence. Mais attention ! Lorsque vous prenez parti, c'est en réalité à deux niveaux :

- Niveau 1 : à l'instant t ;

- Niveau 2 : à l'instant t+1 ;

Pour l'instant t, nous venons de voir ce qu'il faut faire.

Cependant, l'instant t+1 représente la situation « *post-événement* », le moment où la personne n'est plus présente, ou ne parle plus. Et très souvent, même si on ne réagit plus sur l'instant, on peut très vite prendre la tangente de nos principes et nous adonner à une bonne grosse dose de critiques, seul ou avec des personnes partageant le même point de vue que nous. Dans ce cas, vous prenez toujours parti, puisque vous réagissez à ces propos, sauf que vous prenez soin de le faire dans le dos de la personne, ce qui est encore pire et qui fait montre d'une lâcheté notoire qui ne vous avantage pas. C'est pour cela que je vous invite à ne jamais parler dans le dos des gens. C'est d'ailleurs le sujet de la prochaine loi.

5- LOI N°17 : NE PARLEZ PAS DANS LE DOS DES GENS

Très souvent, lorsque nous avons une personne toxique autour de nous, sa toxicité a tendance à se répandre tel un virus à l'ensemble des personnes de la dimension.

Cela signifie qu'il y a fort à parier que vous ne serez pas la seule personne à avoir des raisons de critiquer cet énergumène, et c'est bien là le piège, car dès lors que vous êtes dans une démarche d'indifférence, d'autres personnes vont tenter de vous refaire basculer sur le chemin sinueux de l'emprise émotionnelle.

Ce n'est clairement pas de leur faute, pour le coup, car pour l'instant, ils ne sont pas au courant de votre nouvel état d'esprit. Cependant, ils le verront progressivement grâce à votre comportement dans le temps, mais ce n'est pas pour autant qu'ils arrêteront : tant qu'ils n'auront pas la clairvoyance que vous, par vos efforts, avez réussi à acquérir, ils continueront de critiquer et de juger en vous motivant à faire de même.

En ce sens, votre objectif sera non pas de résister, car plus vous résisterez et plus l'emprise sera forte, mais plutôt de laisser couler en acquiesçant, sans pour autant en rajouter au niveau verbal et non-verbal.

Le fait d'acquiescer par un petit hochement de tête silencieux est suffisant pour dire : « *Je comprends ton point de vue, mais je n'ai aucunement l'envie d'en rajouter* ».

Vous préservez ainsi vos efforts et inhibez l'emprise émotionnelle de la personne toxique sur vous, projetée par les critiques et les jugements des autres personnes ; dès que vous sentez en vous des pensées s'orientant vers la critique et le jugement, la règle fondamentale est de ne JAMAIS en rajouter.

6- LOI N°18 : LA LOI DU SILENCE, NE DISCUTEZ PAS

Sincèrement ? Parler à une personne toxique est une perte de temps, car soit elle ne comprend rien, soit elle fait semblant de ne rien comprendre. Si vous êtes dans la situation de vouloir vous débarrasser de cette personne dans votre quotidien, cela signifie que vous avez déjà tenté la discussion et que ça n'a pas fonctionné. Seuls les actes priment !

En ce sens, si cette personne vous parle et que ce n'est pas une demande relative à un cadre professionnel (exemple : si c'est votre manager), mais également en fonction du contexte, vous pouvez :

- opter pour la loi du silence : vous ne répondez pas ;

- opter pour le strict minimum : répondre de manière simple sans rentrer dans les détails si vous n'avez pas le choix ;

Plus vous limitez vos interactions avec le nuisible et mieux vous vous porterez.

7- LOI N°19 : SOYEZ À L'AISE AVEC LE MALAISE

L'être humain n'aime pas le silence. Cela se remarque aisément lorsqu'on observe deux personnes en train de discuter. Au bout d'un moment, par manque d'inspiration, un silence s'installe. Le fait est que ce silence amorce un malaise perceptiblement insupportable, entraînant les deux protagonistes à parler de sujets de faible valeur juste pour interrompre ce lourd silence.

En soi, cela n'est pas quelque chose d'intrinsèquement mauvais que de « *combler le vide* ». Comprenez que le malaise dû au silence intervient dès lors que l'on est en face d'une personne que l'on apprécie et que l'on respecte.

Nous pensons alors, à tort, que nous devons avoir la pleine responsabilité d'éviter des phases de blanc dans nos discussions par peur de croire que l'opinion de l'autre changera vis-à-vis de nous. Mais ce qui est tout aussi désopilant, c'est que la personne en face de nous pense très exactement la même chose !

Cependant, lorsque la personne en face de vous est une personne que vous n'appréciez pas, en quoi le jugement qu'elle peut avoir sur vous importe réellement ?

Dès lors que vous avez compris cela, vous n'aurez aucune difficulté à installer un malaise volontaire entre vous et elle. Encore mieux, cette personne étant incapable de gérer le silence et le malaise environnant, elle se gardera à l'avenir de vous adresser la parole. N'est-ce-pas ce que l'on recherche ?

8- LOI N° 20 : PASSEZ MAÎTRE DANS L'ART DE SNOBER LES GENS (QUAND IL LE FAUT)

En réalité, nous n'allons pas réellement snober les gens ici. Car à bien y réfléchir, snober quelqu'un, c'est lui montrer une forme de supériorité. Or, ce que nous voulons, c'est plutôt une forme d'indifférence, voyez-vous ? Si vous tentez d'être supérieur à quelqu'un, c'est que vous êtes toujours sous emprise. Cependant, si vous êtes indifférent au point que la personne passe inaperçue, c'est comme si elle n'existait plus : vous n'êtes alors plus sous emprise : c'est même le niveau ultime que vous devriez atteindre.

Cet état se ressent aisément dès lors que vous ne ressentez plus aucune émotion à l'égard de l'individu. Vous savez alors que vous n'êtes plus sous emprise émotionnelle.

Mais comprenez qu'il est important de rester cohérent avec vous-même. Parfois, il est possible que des personnes que vous côtoyez dans certaine dimension puisse apparaître dans d'autres. Par exemple, un collègue de travail qui fait ses courses au même endroit que vous et dès que vous vous croisez, il y a toujours ce micro-malaise au sein duquel les deux parties se demandent ce qu'ils pourront bien trouver à se dire.

Généralement et en fonction des affinités de chacun, cela peut aller du « *bonjour, bonne journée* » au « *Mais comment vont tes enfants ?* » L'un comme l'autre, ça reste des discussions banales et rapide ; en réalité on discute pour éviter de perdre la face.

Cependant, dès lors que vous éprouvez une indifférence totale à l'égard d'une personne dans une dimension, assurez-vous de continuer à l'éprouver si, par malheur, vous êtes contraint à la croiser dans une autre dimension. Autrement, c'est risquer de procéder à un rétropédalage émotionnellement suicidaire.

En effet, si vous ignorez quelqu'un dans votre travail mais que, par manque de préparation ou par peur de perdre la face, vous discutez avec cette même personne à la porte d'une librairie ou d'un supermarché (dimension transitoire) car votre logiciel mental n'a pas suivi assez rapidement, vous risquez de vous adoucir et de recommencer à discuter avec cette personne dans la dimension de référence.

Pour cela, il vous suffit juste de passer outre la phase de malaise en gardant en tête le fait que l'opinion de cette personne importe peu. Encore mieux ? Pour vous aider, souvenez-vous de la manière dont elle se comportait ou se comporte toujours à votre égard et continuez votre route.

Si vous faites le choix d'éliminer une personne de votre vie, vous devez l'assumer à tout moment et à tout instant, car cela est définitif, à moins d'avoir à votre disposition de nouvelles variables… Chose que nous allons voir dans la partie : « ***ET SI LE NUISIBLE S'EXCUSE ET CHANGE ?*** »

LOIS UNIVERSELLES

INTRODUCTION

Les lois universelles sont à appliquer en toutes circonstances. Au regard de votre libre arbitre, vous pouvez faire le choix de ne pas les suivre. Mais en prendre la responsabilité, c'est passer à côté de trois outils permettant d'améliorer significativement votre vie.

Utilisés quotidiennement et même à petite dose, ces trois lois peuvent, à elles seules, changer le cours de votre existence. Voyons comment.

1- LOI N° 21 : RESPIREZ

Nous respirons sans même nous en rendre compte. Cette manœuvre est automatique et gérée en totalité par notre corps, cela pour nous permettre de nous concentrer sur le monde qui nous environne.

Cependant, vous avez la capacité de reprendre la gestion de votre respiration ; d'inspirer, d'expirer et même de retenir votre souffle. Respiration qui, dans son étonnante fragilité, vous permet, lorsqu'elle est faite consciemment, de réaliser que la vie ne tient qu'à une frêle action de votre corps, qui, si elle n'intervient pas dans les délais, impose une mort certaine.

Respirez consciemment chaque matin lorsque vous vous levez et chaque soir avant de vous coucher. Cela pour vous permettre d'aborder la vie pleinement et positivement sans vous soucier des futiles prises de tête liées à vos relations intimes, personnelles ou professionnelles.

Nous avons trop souvent tendance à oublier que certains tracas de notre quotidien sont dus à notre insouciance vis-à-vis de la réalité de notre courte vie. Au final, nous passons à côté d'un spectacle unique par simple oubli d'une vérité immuable : nous sommes des êtres mortels qui peuvent partir à n'importe quel moment.

Cela me rappelle cette superbe série : Breaking Bad, dont le personnage principal, Walter White, commence réellement à vivre sa meilleure vie le jour où on lui diagnostique un cancer en phase terminale. Rassurez-vous je ne spoile rien, c'est juste le synopsis 😊 La suite ? Elle est sur Netflix.

Nous ne vivons pleinement qu'à partir du jour où nous avons conscience de la vitalité et de la vivacité de la mort, alors… Respirez !

2- LOI N° 22 : AYEZ DE LA GRATITUDE

L'être humain aime se plaindre. Dans son incroyable connerie, l'être humain n'a aucunement conscience de la chance qu'il a, ne serait-ce que d'être en vie. Vous auriez tendance à me dire que certaines personnes vivant dans des pays du tiers monde préféreraient être mortes plutôt que de vivre de la sorte ? Si vous saviez la gratitude que ces gens ont vis-à-vis du peu qu'ils ont... C'est incroyable.

Mais je vous dis ceci : si l'Homme avait plus de gratitude et avait pris conscience de la fragilité de sa vie, la pauvreté n'existerait pas. Celle-ci existe, car nous sommes incapables de distribuer correctement les richesses de notre cœur aux autres. Cette distribution inégale entraîne un malheur inévitable.

Comprenez en ce sens que le système nous a contraints à corréler notre bonheur, notre sécurité et notre confort *commun* au malheur des autres.

Pour ce sacrifice inévitable, ayez de la gratitude, soyez satisfait de votre parcours et de ce que vous possédez, et essayez le plus possible d'aider les personnes dans le besoin. Il n'y a que comme ça que nous pourrons avancer réellement et construire ensemble quelque chose de solide.

Avoir de la gratitude, c'est se poser l'espace d'un instant dans un endroit calme, regarder autour de nous et apprécier ce que nous possédons. C'est également le verbaliser en disant tout simplement *merci*.

Vous ne remerciez pas une force extérieure à vous-même. *Vous vous remerciez.* Vous remerciez la vie à travers vous dans tout ce qu'elle a de plus exceptionnel.

Et lorsque vous aurez terminé, vous sentirez un courant de légèreté vous envahir : la vie est si belle qu'elle vous remercie à sa manière de votre action de grâce.

Essayez et vous verrez !

3- LOI N° 23 : VIVEZ

Vivre, c'est expérimenter de nouvelles choses, sortir en permanence de votre routine du quotidien.

Vivre, c'est par exemple :

- Pratiquer un nouveau sport (la boxe, le golf, le tennis, etc.) ;
- Se rendre à des ateliers découverte (thé, vin, café,…) ;
- Voyager et découvrir ;
- Écrire ou lire des livres et j'en passe...

Si vous deviez vous limiter à ce que l'on vous donne, vous ne seriez pas en train de vivre, mais plutôt de survivre. La vie possède une richesse indescriptible et si elle existe, c'est pour en profiter au maximum.

D'ailleurs, le fait de vivre de la sorte est le meilleur moyen de rester actif et de vaincre ses chaînes émotionnelles. Prenons un exemple : si vous avez pris la décision légitime de vous séparer d'une personne que vous aimiez car elle était toxique, cette rupture sentimentale prendra le dessus sur vous dès lors que vous arrêtez de vivre.

À partir du moment où vous stimulez votre mental avec de nouvelles choses en remarquant que vous n'avez besoin d'aucune autre personne en particulier pour profiter de votre vie et être heureux, vous devenez une personne meilleure et plus indépendante. La clé de votre liberté réside dans votre faculté à apprendre et à découvrir de nouvelles choses ; non dans la mise en lumière de l'avis et des actions d'une tierce personne.

LA DEMI-LOI PARADOXALE

LOI N° 23,5 : N'ÉCOUTEZ PAS CE LIVRE !

Pourquoi est-ce une demi-loi ?

Dans mon schéma de compréhension propre...

... une loi complète doit être appliqué de A à Z dès lors que l'on décide de l'appliquer. Cela signifie qu'au sein du *processus d'utilisation* de cette dite loi, il n'y a, en principe, aucun retour en arrière possible.

Une demi-loi, elle, permet un retour en arrière au sein du *processus d'utilisation* qui y est corrélé.

La demi-loi indiquant que vous ne devez pas écouter les conseils de ce livre révèle un certain paradoxe.

Si vous lisez ce livre, c'est que vous cherchez des réponses. Or, à travers cette demi-loi, je vous indique que ces réponses sont sujettes à critiques et discussions, et que vous ne devriez pas vous y fier à 100 %... Encore mieux, que vous devriez rebrousser chemin. N'est-ce pas déroutant ? Je vais vous expliquer pourquoi.

D'une part, parce que mes propos n'engagent que moi et sont le fruit de mes expériences et observations personnelles et d'autre part, parce que j'ai une légitimité à pouvoir écrire ce livre.

Cependant, vous avez votre propre libre arbitre. Si je vous disais de suivre à la lettre sans réfléchir et étape par étape chaque loi de ce livre, peut-être que vous arriverez à un résultat fort intéressant. Mais il serait tout aussi intéressant d'utiliser ce livre en faisant jouer vos propres exercices de pensées personnelles afin d'enrichir ce que vous êtes en train d'apprendre et de le personnaliser à votre convenance.

La vérité absolue n'existe pas et ce n'est clairement pas dans ce livre que vous la trouverez. Cependant, VOTRE vérité se trouve quelque part. Vous la cherchez depuis bien longtemps, ce livre n'est qu'une boussole pour que vous puissiez la trouver, mais ne représente en aucun votre destination finale.

La demi-loi paradoxale couvre l'ensemble du livre. Je l'ai volontairement mise à la fin, car je sais très bien que ce livre est destiné à être lu et relu, encore et encore. Ce n'est pas un bouquin qui peut se lire en une seule fois. C'est un point de chute pour faire le point, pour (ré)organiser vos pensées et garder le cap sur vos objectifs. Mais dès votre deuxième lecture, gardez en tête cette demi-loi et sélectionnez les lois qui vous conviennent de celles qui ne vous conviennent pas. Et si, durant l'application de certaines lois, vous voyez qu'elles s'appliquent mal à votre personne, n'hésitez pas à reculer, refaire le point et avancer avec de nouvelles.

C'est ainsi que vous optimiserez votre stratégie pour le mieux. La vérité n'existe pas sans une contre-vérité motivée à la réfuter.

ET SI LE NUISIBLE S'EXCUSE ET CHANGE ?

INTRODUCTION

Je voulais terminer ce livre avec un événement qui arrivera, à un moment ou à un autre. Dès lors que vous vous éloignez de certaines personnes, la règle du « *suis-moi je te fuis, fuis-moi je te suis* » s'applique. Il y a de fortes chances pour qu'une personne que l'on va qualifier de « *toxique tourmentée* » revienne en rampant pour s'excuser, voyant les dégâts causés et voulant réparer les choses.

Je pars de la base qu'une personne change vraiment lorsque TOUT va bien. Pas lorsque ça va mal.

Le poids de la culpabilité fait changer les gens temporairement. Ce qui fait changer une personne sur la durée, c'est son environnement, son quotidien, ses habitudes, ses actions, sa maturité intellectuelle et la légèreté de son esprit, *pas ses remords ou ses regrets.*

Si vous décidez de pardonner à une personne sur la base de ses regrets, préparez-vous à un retour de bâton foudroyant le jour où il aura retrouvé son confort émotionnel.

Personnellement, la seule chose que je vous conseille lorsqu'une personne vous demande pardon, c'est d'acquiescer sereinement et d'accepter ses excuses sans pour autant oublier les conséquences de ses actes passés.

Il veut récupérer votre confiance ? Qu'il le fasse par des efforts continus sur *plusieurs années*, et là peut-être, vous pourrez réfléchir à lui redonner les prémisses d'une nouvelle relation cordiale.

Vous n'avez que trop souffert pour redonner votre attention à des personnes qui ne la méritent pas. Tâchez de vous en souvenir et de rester fort pour votre bien !

Votre pardon se mérite.

REMERCIEMENTS

Ce livre s'est invité à la table de mes projets. Vivre l'expérience de l'inattendu est un honneur qui, je l'espère, se reproduira à l'occasion.

Mes chers lecteurs, je tiens à vous remercier de votre confiance et j'espère que ce livre, fruit de mes expériences et exercices de pensées, vous aura plu.

Vous auriez tendance à me dire que c'est le comble du foutage de g*%*! Mais je tiens également à remercier toutes les personnes toxiques ayant eu l'honneur de me côtoyer pour diffuser leur toxicité sur ma personne, afin d'affûter mon mental à devenir hermétique à toutes leurs mauvaises ondes et critiques destructives. C'est en partie grâce à elles que ce livre existe.

Enfin, et comme toujours, je tiens à me remercier d'avoir réussi ce nouveau projet, tout en me confortant dans l'idée que les prochains arriveront très bientôt !

Je suis prêt !

L'AUTEUR

Irvin J. DEFFIEU est un écrivain, intellectuel et entrepreneur français évoluant dans l'entrepreneuriat, le salariat, l'investissement, l'édition, le coaching de vie et la spiritualité. Sensible au monde extérieur et aux événements qui y sont corrélés, il use de ses réflexions personnelles pour rendre le monde meilleur au quotidien, notamment pour celles et ceux qui auraient oublié *qui ils sont vraiment*.

La devise d'Irvin est simple : *"Lorsqu'on arrive à un résultat, on optimise parce qu'on peut toujours faire mieux, et lorsqu'on arrive à un échec, on optimise parce qu'il faut faire mieux"*.

Actuellement, Irvin vit à Lille et chaque jour, il permet aux personnes réceptives à la devise *qui je suis vraiment* d'améliorer la relation et la confiance qu'elles peuvent avoir en elles, dans leur vie professionnelle, personnelle et spirituelle.

TABLE DES MATIÈRES

PRÉFACE..7
CHAPITRE 1 – LA GENÈSE....................................11
CHAPITRE 2 – LE SYSTÈME ÉMOTIONNEL EN QUATRE DIMENSIONS (SE4D)..............................15
  SCHÉMA DU SYSTÈME ÉMOTIONNEL EN QUATRE DIMENSIONS...15
    1- LE *CŒUR* DU SYSTÈME : LES ÉMOTIONS 17
      LA CHAÎNE D'EXPRESSION DES ÉMOTIONS...18
    2- LA CAPSULE PRINCIPALE, TROIS DIMENSIONS : FAMILIALE, AMICALE, PROFESSIONNELLE..22
    3- LA CAPSULE SECONDAIRE, UNE DIMENSION : TRANSITOIRE............................23
    4- SIX FACTEURS : POLITIQUE, ENVIRONNEMENTAL, FINANCIER, SOCIAL, TECHNOLOGIQUE, JURIDIQUE......................24
    5- LES DÉCLENCHEURS................................26
    6- LES CONSÉQUENCES...............................27
CHAPITRE 3 - LES LOIS..29
  LOIS D'ORGANISATION ENVIRONNEMENTALE 30
    1- INTRODUCTION...30
    2- LOI N°1 : NETTOYEZ CHAQUE JOUR UNE PARTIE DE VOTRE LOGEMENT.....................31
    3- LOI N°2 : MANGEZ-MIEUX, LA *MÉTHODE* DU BATCH-COOKING.......................................33
      BATCH-COOKING : QUÉSACO ?................34

    4- LOI N°3 : SOYEZ OUVERT AU MONDE QUI VOUS ENTOURE..36
    5- LOI N° 4 : PRATIQUEZ DES *ACTIVITÉS LUDIQUES*..38

LOIS D'ORGANISATION MENTALE ET D'INTROSPECTION..40
    1- INTRODUCTION..40
    2- LOI N° 5 : PRENEZ VOTRE TEMPS............41
    3- LOI N° 6 : OBSERVEZ VOS *PENSÉES* SANS LES JUGER..42
    4- LOI N° 7 : *ARRÊTEZ* DE VOUS JUGER (ET DE JUGER LES AUTRES)..45
        LE JUGEMENT UTILE.................................46
        LE JUGEMENT INUTILE..............................47
    5- LOI N° 8 : NE SOYEZ NI EN DESSOUS, NI AU-DESSUS DES AUTRES.....................................47
    6- LOI N° 9 : OUBLIEZ VOTRE IDENTITÉ......49
    7- LOI N°10 : NE VOUS ATTACHEZ PAS AU RÉSULTAT..52
    8- LOI N°11 : VOTRE EGO, VOTRE ALLIÉ.....53
    9- LOI N° 12 : ANALYSEZ SI VOUS-MÊME, VOUS N'ÊTES PAS LE « *FAUX-CUL* » DE QUELQU'UN..54

LOIS D'ACTIONS...55
    INTRODUCTION..55
    1- LOI N°13 : FAIRE LE BILAN DE SON ENTOURAGE (VIA LE *MODÈLE* EN QUATRE DIMENSIONS)...56
    2- LOI N°14 : RAPPROCHEZ-VOUS DES PERSONNES QUI COMPTENT VRAIMENT…58
    3- LOI N° 15 : COUPEZ LE CORDON...............59

- 4- LOI N°16 : *ÉCOUTEZ* SANS PRENDRE PARTI..61
- 5- LOI N°17 : NE PARLEZ PAS DANS LE DOS DES GENS...63
- 6- LOI N°18 : LA LOI DU SILENCE, NE DISCUTEZ PAS..64
- 7- LOI N°19 : SOYEZ À L'AISE AVEC LE MALAISE..65
- 8- LOI N° 20 : PASSEZ *MAÎTRE* DANS L'ART DE SNOBER LES GENS (QUAND IL LE FAUT)..66

LOIS UNIVERSELLES..69
- INTRODUCTION..69
- 1- LOI N° 21 : RESPIREZ...............................69
- 2- LOI N° 22 : AYEZ DE LA GRATITUDE........71
- 3- LOI N° 23 : VIVEZ....................................73

LA DEMI-LOI PARADOXALE...............................75
- *LOI N° 23,5 : N'ÉCOUTEZ* PAS CE LIVRE !....75

ET SI LE NUISIBLE S'EXCUSE ET CHANGE ?...78
- INTRODUCTION..78

REMERCIEMENTS...81
L'AUTEUR...83